BEI GRIN MACHT SICH IHR
WISSEN BEZAHLT

Trainingsplanung zur Verbesserung der Koordination und Beweglichkeit

Alex Yegudin

Bibliografische Information der Deutschen Nationalbibliothek:

Die Deutsche Nationalbibliothek verzeichnet diese Publikation in der Deutschen Nationalbibliografie; detaillierte bibliografische Daten sind im Internet über http://dnb.d-nb.de abrufbar.

ISBN: 9783346869654
Dieses Buch ist auch als E-Book erhältlich.

Druck und Bindung: Books on Demand GmbH, Norderstedt Germany
Gedruckt auf säurefreiem Papier aus verantwortungsvollen Quellen

Das vorliegende Werk wurde sorgfältig erarbeitet. Dennoch übernehmen Autoren und Verlag für die Richtigkeit von Angaben, Hinweisen, Links und Ratschlägen sowie eventuelle Druckfehler keine Haftung.

Das Buch bei GRIN: https://www.grin.com/document/1354974

Deutsche Hochschule für
Prävention und Gesundheitsmanagement
Hermann Neuberger Sportschule 3
66123 Saarbrücken

Einsendeaufgabe

Fachmodul:	Trainingslehre III
Studiengang:	Fitnessökonomie
Datum Präsenzphase:	27.11.17 – 29.11.17
Name, Vorname:	Yegudin, Alexander
Studienort:	**München**
Semester:	**WS 15**

Inhaltsverzeichnis

1 Personendaten

Für ein Beweglichkeits- und Koordinationstraining ist eine Diagnose erforderlich. Hierbei werden mit einer Anamnese alle notwendigen Daten gesammelt. Außerdem werden Gesundheitszustand, Zeitbudget und Trainingsmotive festgestellt, um so den aktuellen Ist-Zustand der Person zu ermitteln. Die gewonnenen Daten dienen als eine Grundlage für eine Bestimmung des Gesundheitszustandes und der Belastungsfähigkeit eines Probanden. Dabei werden sowohl allgemeine als auch biometrische Daten aufgenommen.

1.1 Allgemeine Daten

Tab. 1: Allgemeine Daten einer Person

Daten zur Person	Datenwerte
Alter	45 Jahre
Geschlecht	Männlich
Körpergröße	175 cm
Körpergewicht	75 kg
Trainingsmotive	- Beweglichkeit verbessern
	- Haltung verbessern
	- Rückenmuskulatur aufbauen
berufliche Tätigkeit	Bürokaufmann
frühere sportliche Aktivitäten	- vor 20 Jahren Tennis auf fortgeschrittenem Niveau 3x wöchentlich gespielt
aktuelle sportliche Aktivitäten	- joggen 2x Woche
	- spielt Fußball hobbymäßig mit Freunden 1x pro Woche á 2 Std.
zeitliche Verfügbarkeit	Dreimal pro Woche je 45 Minuten

1.2 Biometrische Daten

Tab. 2: Biometrische Daten des Probanden

Blutdruck:	127 mmHg / 82 mmHg
Ruhepuls:	65 Schläge pro Minute

Ein normaler Blutdruckwert sollte unter 130 mmHg systolisch und unter 85 mmHg diastolisch liegen (Mancia, et al., 2013, S. 1286). Bei der o.g. Person ist der ermittelte systolische Druck bei 127 mmHg und der diastolische Druck bei 82 mmHg und liegen somit im normalen Bereich. Nach Weineck (2003, S. 50) ist ein Ruhepuls von 60-80 S/min normal. Der Ruhepuls des Probanden beträgt 65 S/min und liegt damit im Durchschnittsbereich und lässt damit eine durchschnittliche Leistungsfähigkeit des Herz-Kreislauf-Systems schließen. Die Person ist voll belastbar.

Tab. 3: Blutdruckklassifition der American Heart Association (modifiziert nach Mancia et al., 2013, Guidelines for the management of arterial hypertension. S. 1286)

Bewertungsstufen	systolischer Blutdruck	diastolischer Blutdruck
Normblutdruck (Normotonie)		
Optimal	unter 120 mmHg	unter 80 mmHg
Normal	unter 130 mmHg	unter 85 mmHg
Hochnormal	130-139 mmHg	85-89 mmHg
Bluthochdruck (arterielle Hypertonie)		
Stufe 1	140 – 159 mmHg	90-99 mmHg
Stufe 2	160-179 mmHg	100-109 mmHg
Stufe 3	> 180 mmHg	> 110 mmHg

Tab. 4: Allgemeiner Gesundheitszustand der Person

Orthopädische / Internistische Probleme	Keine
Medikamenteneinnahme	Keine
Ärztliche Behandlung	Keine
Sonstige Einschränkungen	Keine
Belastbarkeit / Trainierbarkeit der Person	Einsteiger

Der Studienteilnehmer hat leichte Schmerzen im unteren Rücken, die auf eine schwache Muskulatur im LWS-Bereich und längeres Sitzen in seinem Beruf zurückzuführen sind. Des Weiteren liegen keine Beschwerden vor. Sein allgemeiner gesundheitlicher Zustand ist gut. Eine Medikamenteneinnahme liegt nicht vor, somit kann die Person im Rahmen eines Beweglichkeits- und Koordinationstrainings ohne jegliche Einschränkung trainiert werden.

2 Beweglichkeitstestung

Um eine Trainingsplanung durchzuführen, ist es notwendig eine manuelle Beweglichkeitsleistung mit der Versuchsperson nach Janda (2000, S. 270) durchzuführen. Durch den Test will man die möglichen Muskelschwächen und die Bewegungsdefizite herausfinden. Dabei werden M. pectoralis major, speziell M. iliopsoas, speziell M. rectus femoris, Mm. ischiocrurales und Mm. triceps surae manuell getestet (Janda, 2000, S. 270). Die Testauswertung wird in drei verschiedene Stufen unterteilt (Janda, 2000, S. 255-271). Das Testverfahren wird für jede aufgeführte Muskelgruppe detailliert beschrieben, um später Ergebnisse nach Leistungsstand einordnen zu können.

2.1 Testung der Brustmuskulatur (M. pectoralis major)

Tab. 5: Beweglichkeitstest des M. pectoralis major

Testübung:	Testung der Brustmuskulatur
Testdurchführung:	Der Proband liegt mit dem Rücken auf einer Behandlungsliege. Die Beine stehen auf der Liege angewinkelt. Durch leichten Zug mit der Hand, wird der Thorax fixiert. Der testende Arm ist in einem 90°-Winkel im Ellenbogengelenk gebeugt, sowie im Schultergelenk abduziert und außenrotiert. Die Position des Oberarmes zur Horizontalen, gilt als Messbereich. Fixierung des Beckens und der LWS ist ganz wichtig, da es zur Manipulation des Versuchs führen kann. Also Lendenwirbelsäule und Becken während des Testes nicht anheben (Janda, 2000, S. 270).
Richt- und Normwerte:	**Stufe 0:** Oberarm erreicht Horizontale. **Stufe 1:** Oberarm erreicht Horizontale durch Druck des Probanden. **Stufe 2:** Oberarm erreicht Horizontale auch durch Druck des Testers nicht (Janda, 2000, S. 271).
Testergebnis des Probanden:	Rechts Stufe 0 und Links Stufe 0.
Bewertung des Testergebnisses:	Der Versuchsteilnehmer weist keine Beweglichkeitsdefizite im Bereich der Brustmuskulatur auf.

2.2 Testung der Hüftbeugemuskulatur (speziell M. iliopsoas)

Tab. 6: Beweglichkeitstest speziell M. iliopsoas

Testübung:	Testung der Hüftbeugemuskulatur
Testdurchführung: Testdurchführung:	Die Testperson liegt wieder mit dem Rücken auf einer Liege. Das Gesäß muss mit dem Rand der Liege abgeschlossen sein, damit ein Bein vorne überhängt. Das andere Bein, winkelt der Tester maximal zu sich heran. Das Becken und LWS dürfen nicht abgehoben werden, da es auch hier zu einer Manipulation des Versuchs führen kann. Der Messbereich wird erreicht, wenn die Position des Oberschenkels im Verhältnis zum Hüftbeugewinkel steht (Janda, 2000, S. 258).
Richt- und Normwerte:	**Stufe 0:** Oberschenkel erreicht Horizontale. **Stufe 1:** Oberschenkel erreicht Horizontale durch Druck des Probanden. **Stufe 2:** Oberschenkel erreicht Horizontale auch durch Druck des Testers nicht (Janda, 2000, S. 259).
Testergebnis des Probanden:	Rechts Stufe 0 und Links Stufe 0.
Bewertung des Testergebnisses:	Die Person hat keine Beweglichkeitsdefizite im Bereich der Hüftbeugemuskulatur auf.

2.3 Testung der Kniestreckmuskulatur (speziell M. rectus femoris)

Tab. 7: Beweglichkeitstest speziell M. rectus femoris

Testübung:	Testung der Kniestreckmuskulatur
Testdurchführung:	Der Proband liegt mit dem Rücken auf einer Liege. Das Gesäß schließt mit dem Rand der Liege ab. Die Beine sind frei überhäng bar. Er hat ein Bein maximal zum Körper herangezogen. Der Tester fixiert dagegen das andere Bein im maximal möglichen Hüftextensionswinkel. Danach wird dieses Bein in einen maximal möglichen Kniebeugewinkel geführt. Wichtig ist, dass der Teilnehmer weder sein Becken noch den LWS anhebt, sonst verfälscht das Testergebnis (Janda, 2000, S. 258).
Richt- und Normwerte:	**Stufe 0:** Unterschenkel hängt senkrecht herab. **Stufe 1:** Unterschenkel erreicht 90°. im Kniegelenk durch Druck des Testers. **Stufe 2:** Unterschenkel erreicht 90°. im Kniegelenk durch Druck des Probanden nicht (Janda, 2000, S. 259).
Testergebnis des Probanden:	Rechts Stufe 1 und Links Stufe 1.
Bewertung des Testergebnisses:	Der Person weist leichte Beweglichkeitsdefizite im Bereich der Kniestreckmuskulatur auf, dies lässt sich auf seine sitzende Tätigkeit zurückführen.

2.4 Testung der Kniebeugemuskulatur (Mm. ischiocrurales)

Tab. 8: Beweglichkeitstest von Mm. ischiocrurales

Testübung:	Testung der Kniebeugemuskulatur
Testdurchführung:	Der Proband liegt mit dem Rücken auf der Liege. Ein Bein ist angewinkelt. Das andere Bein ist gestreckt und wird durch den Tester in die maximale mögliche Hüftflexion gebracht. Als Messbereich wird ein Winkel zwischen der Beinachse und Hüftbeugewinkel betrachtet. Wichtig ist, dass der Versuchsteilnehmer das Becken und LWS nicht anhebt, sonst verfälscht man das Testergebnis. Das testende Bein muss unbedingt gestreckt bleiben. Das andere Bein sollte die Ausgangsposition nicht verlassen (Janda, 2000, S. 261).
Richt- und Normwerte:	**Stufe 0:** Hüftflexion im Ausmaß von 90° möglich. **Stufe 1:** Hüftflexion im Ausmaß zwischen 80-90° möglich. **Stufe 2:** Hüftflexion nur unter 80° möglich (Janda, 2000, S. 262).
Testergebnis des Probanden:	Rechts Stufe 1 und Links Stufe 1
Bewertung des Testergebnisses:	Die Person zeigt leichte, Beweglichkeitsdefizite im Bereich der Kniebeugemuskulatur auf, auch dies lässt sich mit seiner beruflichen Tätigkeit erklären.

2.5 Testung der Wadenmuskulatur (Mm. triceps surae)

Tab. 9: Beweglichkeitstest von Mm. triceps surae

Testübung:	Testung der Wadenmuskulatur
Testdurchführung:	Der Proband liegt mit dem Rücken auf einer Liege. Ein Bein steht angewinkelt auf der Liege. Das andere Bein ist gestreckt und geht bis zur Hälfte der Liege hinaus. Mit einer Hand nimmt der Tester das Bein am Fersenbein und mit der anderen Hand greift er die Fußaußenkante des Fußes. Er übt jetzt einen Hauptzug an der Ferse aus, damit überhaupt bei einer Dorsalextension stattfindet. Wichtig ist, dass der Druck mit dem Daumen am äußeren Fußrand stattfindet, sonst könnte das Testergebnis verfälscht werden (Janda, 2000, S. 255).
Richt- und Normwerte: Richt- und Normwerte:	**Stufe 0:** Dorsalextension bis 0° möglich. **Stufe 1:** Dorsalextension möglich; 0° wird nicht ganz erreicht. **Stufe 2:** Dorsalextension nur bis 10° unter 0° -Stellung möglich (Janda, 2000, S. 255).
Testergebnis des Probanden:	Rechts Stufe 0 und Links Stufe 0
Bewertung des Testergebnisses:	Die Person zeigt keine Beweglichkeitsdefizite im Bereich der Wadenmuskulatur.

3 Trainingsplanung Beweglichkeitstraining

Der Proband wünscht sich ein Beweglichkeitstraining für den gesamten Körper. Das Training und die Belastungsgefüge werden detailliert in den nachfolgenden Tabellen vorgestellt.

Tab. 10: Belastungsgefüge für einen Einsteiger

Trainingshäufigkeit pro Woche:	2-3x pro Woche á 30 Minuten
Sätze pro Übung:	3 Sätze pro Übung
Dehndauer:	Statisch 45 Sekunden, Dynamisch 15 Wiederholungen
Intensität:	von Dehngrenze bis maximale Bewegungsreichweite

3.1 10 unterschiedliche Dehnübungen

Tab. 11: Übung 1: Dehnübung für Beinrückseite

Zielmuskulatur:	M. biceps femoris
Dehnmethode:	aktiv-dynamisch
Durchführung:	Der Versuchsteilnehmer liegt auf dem Rücken. Ein Bein liegt gestreckt am Boden, das andere Bein führt er gestreckt nach oben und im ständigem Wechsel mit weichen und rhythmischen Bewegungen auf und ab.
Belastungsgefüge:	pro Bein 30 Sekunden, 2 Sätze á 3 Wiederholungen, 3x pro Woche

Tab. 12: Übung 2: Dehnübung für eine Abduktion im Hüftgelenk

Zielmuskulatur:	M. adductor longus, M. gracilis, M. adductor brevis, M. adductor magnus
Dehnmethode:	passiv-dynamisch
Durchführung:	Der Tester macht einen seitlichen Ausfallschritt. Oberkörper muss gerade sein. Der Proband verlagert sein Körper zuerst zum linken Bein und beginnt am Ende des Bewegungsradius mit leichten Wippen. Er
Durchführung:	geht dann wieder zurück zum Ausgangspunkt. Das rechte Bein bleibt gestreckt, auf dem linken Bein sollte eine Beugung im Knie entstehen. Wichtig: die Beine bleiben an einer Position. Es sollte ein Dehnungsgefühl an der Innenseite des gestreckten Beins entstehen. Danach wechselt man die Seiten.
Belastungsgefüge:	Pro Bein 15 Wiederholungen. Nach 15 Wiederholungen wird eine Pause von 10 Sekunden gemacht, dann wiederholt man den Vorgang mit dem anderen Bein. Insgesamt 3 Sätze á 3 Wiederholungen. Es sollte ein starkes Dehnungsgefühl empfunden werden. 3x die Woche durchführen.

Tab. 13: Übung 3: Dehnübung für Adduktoren

Zielmuskulatur:	M. adductor longus, M. adductor brevis, M. adductor magnus
Dehnmethode:	passiv-statisch
Durchführung:	Die Testperson sitzt aufrecht auf einer Matte. Die Fußsohlen werden aneinandergedrückt und die Knie werden unter Hilfenahme der Hände nach unten gedrückt.
Belastungsgefüge:	10 Sekunden halten 10 Sekunden halten bis Dehngrenze, danach 10 Sekunden Pause, 2 Sätze á 3 Wiederholungen, 3x die Woche.

Tab. 14: Übung 4: Dehnübung vom Hüftgelenksflexion

Zielmuskulatur:	M. biceps femoris, M. semitendiosus
Dehnmethode:	Postisometrisch
Durchführung:	Der Tester ist mit den Knien auf der Matte. Oberkörper ist gerade. Das eine Bein steht fast gestreckt vorne auf der Ferse. Das andere Bein ist angewinkelt. Um das Gleichgewicht zu halten sollte man sich besser abstützen oder irgendwo festhalten. Mit der Ferse so weit nach vorne rutschen, bis man an der Dehnungsgrenze angelangt ist.
Belastungsgefüge:	10 Sekunden halten bis zur Dehnungsgrenze, danach 5 Sekunden Pause und dann wieder bis zur Dehnungsgrenze für 20 Sekunden. 3 Sätze á 3 Wiederholungen. 3x die Woche.

Tab. 15: Übung 5: Dehnübung der Beinstrecker

Zielmuskulatur:	M. quadrizeps femoris
Dehnmetode:	passiv-statisch
Durchführung:	Der Proband steht auf einem Bein. Oberkörper ist gerade. Er zieht (mit der Hand am Sprunggelenk) sein linkes Bein zum Gesäß, bis er eine Dehnung spürt. Das andere Bein steht gerade auf der Matte. Wichtig ist, dass der Teilnehmer die Hüfte nach vorne schiebt.
Belastungsgefüge: Belastungsgefüge:	Diese Position wird für 30 Sekunden lang gehalten, danach wechselt man die Seite, 2 Sätze á 3 Wiederholungen. Starkes Dehnungsgefühl muss gespürt werden., 3x die Woche.

Tab. 16: Übung 6: Dehnung des Hüftbeugers

Zielmuskulatur:	M. iliopsoas, M. rectus abdominis
Dehnmethode:	passiv-statisch-
Durchführung:	Der Proband steht aufrecht mit nach oben gestreckten Armen. Die Testperson beginnt die Arme hinter dem Kopf zu bewegen, damit im Rumpf eine Bogenspannung nach hinten entsteht. Wichtig ist nicht zu überstrecken und die Rückenmuskulatur darf nicht angespannt sein.
Belastungsgefüge:	Diese Position wird für 15 Sekunden lang gehalten, 10 Sekunden Pause, 2 Sätze á 3 Wiederholungen. Starkes Dehnungsgefühl muss gespürt werden, 3x die Woche ausführen.

Tab. 17: Übung 7: Dehnung der Brustmuskulatur

Zielmuskulatur:	M. pectoralis major, M. deltoideus pars clavicularis
Dehnmethode:	passiv-statisch
Durchführung:	Der Tester steht senkrecht gerade an der Ecke zur Tür. Die Füße stehen parallel zueinander. Er winkelt einen Arm im 90° Winkel auf Schulterhöhe an. Der Unterarm wird mit leichtem Druck durch eine Vorwärtsbewegung des Rumpfes an die Wand gepresst. Ein Bein wird leicht nach vorne gestellt, um eine Stabilität in den Beinen zu erreichen.
Belastungsgefüge:	pro Seite 30 Sekunden, 3 Sätze á 3 Wiederholungen pro Seite, Dehnen bis die Dehnungsgrenze erreicht wird. 3x die Woche wiederholen.

Tab. 18: Übung 8: Dehnübung der Nackenmuskulatur

Zielmuskulatur:	M. trapecius pars descendens, M. sternodeidomastoideus
Dehnmethode:	aktiv-dynamisch
Durchführung:	Der Proband steht senkrecht gerade. Mit der rechten Hand greift er die linke Kopfhälfte und zieht den Kopf nach recht. Der linke Arm zieht die linke Schulter nach unten.
Belastungsgefüge:	30 Sekunden, 2 Sätze pro Seite á 3 Wiederholungen, 3x pro Woche

Tab. 19: Übung 9: Dehnübung zur LWS-Extension

Zielmuskulatur:	Mm. erector spinae
Dehnmethode:	passiv-statisch
Durchführung:	Die Testperson ist auf den Knien auf einer Matte. Er beugt seinen Oberkörper nach vorne und die Hände auf dem Boden, dabei bleibt sein Gesäß auf den Fersen und der Proband darf sich nicht strecken.
Belastungsgefüge:	Diese Position wird für 30 Sekunden lang gehalten, danach 10 Sekunden Pause. Vorgang wird wiederholt und 2 Sätze á 3 Wiederholungen ausgeführt. Starkes Dehnungsgefühl muss gespürt werden. 3x die Woche durchführen

Tab. 20: Übung 10: Dehnübung zur LWS-Flexion

Zielmuskulatur:	M. rectus abdominis, M. iliopsoas
Dehnmethode:	passiv-statisch
Durchführung:	Der Proband legt sich in Bauchlage auf eine Matte. Die Arme sind angewinkelt und sind neben der Schulter. Er drückt sich nur mit den Armen hoch. Das Becken bleibt auf dem Boden. Man streckt sich wie eine Kobra hoch, sollte ein Dehnungsgefühl im Bauch spüren, aber keine Schmerzen in LWS-Bereich. Wichtig ist nicht zu überstrecken und die Rückenmuskulatur darf nicht angespannt sein.
Belastungsgefüge:	Diese Position wird für 30 Sekunden lang gehalten, danach 10 Sekunden Pause. Vorgang wird wiedererholt und es werden 2 Sätze á 3 Wiederholungen durchgeführt. Starkes Dehnungsgefühl muss gespürt werden. 3x die Woche wiederholen.

Bei den Übungen, die man macht, sollte versucht werden die Intensität zu erhöhen, um eine Verbesserung zu sehen. Nach Marschall (1999, S. 5) werden höhere Intensitäten die Bewegungsreichweite stärker vergrößern als niedrige, da es sich von der Dehnungsgrenze bis zum maximalen Dehnschmerz steigert. Man sollte zwischen drei Grenzwerten der Dehnintensitäten unterscheiden. Nach Schönthaler & Ohlendorf (2002) spürt der Proband die Dehnschwelle von Beginn des Dehnreizes. Die Dehnungsgrenze spürt er erst bei Beginn des Dehnschmerzes. Die maximale Bewegungsreichweite ist erreicht, wenn der Gelenkwinkel beim maximal tolerierbarem Dehnschmerz ist (Schönthaler & Ohlendorf, 2002). Die Dehnübungen wurden nach den allgemeinen Beweglichkeitstestdaten zusammengestellt. Es wurde zuerst mit dem dynamischen Dehnen angefangen, da es zu Verbesserungen der Beweglichkeit führen kann (Wiemann & Hahn, 1997). Durch das dynamische Dehnen fördert die Durchblutung (Hülsmann, 2006 - 2017). Dagegen das statische Dehnen erhöht die Gelenkreichweite und fördert die Beweglichkeit (Hülsmann, 2006 - 2017). Die ersten sechs Übungen sind für die unteren Extremitäten, da hier kleine Beweglichkeitsdefizite festgestellt worden sind. Der Kunde will ja auch seine Haltung und seine Beweglichkeit verbessern, daher sind die unteren Extremitäten sehr wichtig. Da der Proband im Büro arbeitet, wurden auch für die oberen Extremitäten und für den Rücken, spezielle Dehnübungen in den Trainingsplan eingenommen, da eine sitzende Tätigkeit sehr belastend für die Wirbelsäule ist. Der Versuchsteilnehmer hat bis jetzt keine Beschwerden in M. pectoralis major, es wird aber trotzdem versucht diese Beweglichkeit noch besser zu machen. Auch die Nackenmuskulatur ist sehr wichtig zu dehnen, da es bei seiner Tätigkeit sehr schnell zu Verspannungen in dem Bereich kommen kann. Allgemein wurde versucht eine bestimmte Reihenfolge der Übungen zu bilden, damit die Muskeln die schon gedehnt worden sind bei späteren Übungen nicht belastet werden. Der Tester soll dieses Beweglichkeitsprogramm drei Mal die Woche ausführen um Verbesserungen festzustellen. Der Proband sollte am besten das Dehnen als isolierte Trainingseinheit betrachten (Hülsmann, 2006 - 2017), also am nächsten Tag nach Fußball oder Joggen.

4 Trainingsplanung Koordinationstraining

Nach Hollmann & Hettinger (2000, S. 143) bezeichnet Koordination das Zusammenspiel vom zentralen Nervensystem und der Skelettmuskulatur innerhalb eines präzisen Bewegungsablaufes. Ohne Koordination können die motorischen Fähigkeiten nicht richtig ablaufen. Das Koordinationstraining gibt eine Chance die Bewegungsabläufe zu ökonomisieren und zu präzisieren. Koordinationstraining trägt im Sport dazu bei, die Leistung zu verbessern und Verletzungen vorzubeugen (Steib, Pfeifer, & Zech, 2014, S. 13 - 18). Nachfolgend werden zehn Übungen zur Verbesserung der Koordination dargestellt.

4.1 10 unterschiedliche Koordinationsübungen

Tab. 21: Übung 1: Einbeinstand

Durchführung:	Der Proband steht gerade auf einer Matte. Er verlagert das Gewicht auf ein Bein und hebt das andere. Das Kniegelenk des Standbeins ist leicht gebeugt. Dadurch wird die Aktivität der Bein- und Rumpfmuskulatur zum Erhalt des Gleichgewichts sichergestellt.
Belastungsgefüge:	pro Bein 45 Sekunden, 20 Sekunden Pause, 3x Woche, 2 Sätze pro Seite.

Tab. 22: Übung 2: Standwage

Durchführung:	Wie bei Übung 1 steht der Versuchsteilnehmer gerade auf einer Matt, verlagert das Gewicht auf ein Bein und hebt das andere. Das Kniegelenk des Standbeins ist leicht gebeugt. Nun beugt der Tester seinen Oberkörper nach vorne, während das andere Bein nach hinten gestreckt wird. Bei einem sicheren Stand kann man dazu die Hanteln nehmen und macht Ruderbewegungen.
Durchführung:	
Belastungsgefüge:	pro Bein 30 Sekunden, 20 Sekunden Pause, 3x Woche, 2 Sätze pro Seite.

Tab. 23: Übung 3: Ball prellen im Einbeinstand

Durchführung:	Der Proband nimmt einen Ball in die Hand und verlagert das Gewicht auf ein Bein und hebt das andere. Das Kniegelenk des Standbeins ist leicht gebeugt. Jetzt prellt man den Ball vorm Körper, ohne aus dem Gleichgewicht zu kommen auf den Boden und fängt ihn wieder.
Belastungsgefüge:	Pro Bein 45 Sekunden, 20 Sekunden Pause, 3x Woche, 2 Sätze pro Seite.

Tab. 24: Übung 4: Kniebeugen auf Airex

Durchführung:	Bei dieser Übung begibt sich die Person mit beiden Beinen auf Airex oder ein Balancekissen und versucht sein Gleichgewicht zu halten. Danach sollte er versuchen Kniebeuge zu machen ohne dabei umzufallen. Wichtig ist, dass der Proband die Knie nicht über die Zehenspitzen beugt und das Gesäß nach hinten schiebt.
Belastungsgefüge:	15 Wiederholungen, pause von 5 Sekunden, 3x pro Woche, 2 Sätze.

Tab. 25: Übung 5: Ausfallschritte auf einem Balancekissen mit Rotation im Oberkörper

Durchführung:	Der vordere Fuß steht auf einem Balancekissen und die Knie sind leicht gebeugt, das hintere Bein bleibt leicht gestreckt. Wenn der Proband in die Knie geht, dreht er den Oberkörper zu vorderem Bein und dann wieder zurück zum Ausgangspunkt.
Belastungsgefüge:	pro Seite 15 Wiederholungen, 20 Sekunden Pause, 3x pro Woche, 2 Sätze pro Seite

Tab. 26: Übung 6: Ruhiger Sitz mit einem Gymnastikball

Durchführung:	Der Tester setzt sich auf einen Gymnastikball und lehnt seinen Oberkörper minimal zurück, gleichzeitig spannt er seine Rumpfmuskulatur an. Nun hebt er einen Fuß vom Boden ab und hält diese Position. Wichtig ist, dass der Proband so ruhig wie möglich bleibt.
Belastungsgefüge:	pro Fuß 20 Sekunden, 20 Sekunden Pause, 3x pro Woche, 2 Sätze pro Seite.

Tab. 27: Übung 7: Hüftkreisen auf dem Ball

Durchführung:	Diese Übung beginnt wieder mit dem Sitzen auf einem Gymnastikball. Oberkörper bleibt dabei gerade. Die Beine haben einen festen Stand und die Arme können auf den Knien abgelegt werden. Jetzt versucht der Proband mit seiner Hüfte zu kreisen ohne dabei umzufallen. Wichtig: Der Oberkörper bewegt sich bei den Kreisbewegungen nicht mit.
Belastungsgefüge:	15 Wiederholungen pro Seite, 20 Sekunden Pause nach Satz, 3x pro Woche, 2 Sätze

Tab. 28: Übung 8: Brücke auf dem Ball

Durchführung:	Der Proband legt sich mit dem Rücken auf eine Matte. Die Arme sind nah am Körper. Die Beine legt er auf einen Ball. Jetzt versucht er sein Gleichgewicht zu halten, indem er sein Gesäß hochhebt und für ein paar Sekunden hält, dann wieder zurück zum Ausgangspunkt.
Belastungsgefüge:	15 Wiederholungen, 20 Sekunden Pause, 3x pro Woche, 2 Sätze

Tab. 29: Übung 9: Halber Superman

Durchführung:	Beginnen wir mit dem sogenannten „Vierfüßlerstand". Die Testperson hebt gleichzeitig diagonal ein Bein und einen Arm hoch und hält diese Position 10 Sekunden, danach Seitenwechsel.
Belastungsgefüge:	Pro Seite 10 Sekunden halten, 20 Sekunden Pause, 3x pro Woche, 2 Sätze

Tab. 30: Übung 10: Unterarmstütze

Durchführung:	Der Teilnehmer legt sich mit den Unterarmen auf die Matte. Die Beine sind gerade und man stützt sich auf die Zehenspitzen. So versucht er sein Gleichgewicht zu halten. Klappt es gut kann der Partner dem Probanden kleine Impulse geben, so wird der Schwierigkeitsgrad erhöht.
Belastungsgefüge:	1 Minute halten, 20 Sekunden Pause, 3x pro Woche, 2 Sätze

Das Koordinationstraining wurde nach dem allgemeinen Aufwärmen durchgeführt. Nach Gimbel (2014, S. 18) ist die Beanspruchung des Nervensystems und der Konzentrationsfähigkeit bei Koordinationsübungen besonders hoch. Jede Übung soll mit zwei Sätzen ausgeführt werden. Der Satz ist zu Ende, wenn der Versuchsteilnehmer beide Beine einmal durchgenommen hat. Die Pausendauer zwischen den Sätzen beträgt immer 20 Sekunden. Das Koordinationstraining dauert insgesamt 25 - 30 Minuten. Das Koordinations- und Dehntraining nimmt insgesamt ungefähr 50 – 60 Minuten in Anspruch. Bei jeder Übung wurde versucht die Intensität kontinuierlich zu steigern. Es wurde immer versucht von einfachen zu komplexen Übungen zu wechseln, dadurch wurde der Anspruch immer größer. Es wurden auch Trainingsutensilien einbezogen, wie zum Beispiel Hanteln, Gymnastikbälle und Balancekissen, dadurch wurden die Übungen erschwert. Dadurch würde auch die Motivation und der Ehrgeiz des Studienteilnehmers erweckt. Die Übungen beziehen sich auf den Wunsch des Probanden, um seine Beweglichkeit und Haltung zu verbessern.

5 Literaturrecherche

Der Verfasser hat sich mit den Effekten des Dehnens auf die Bewegungsreichweite befasst und sie in zwei Tabellen dargestellt.

Die erste Studie befasste sich mit dem Thema „Wie beeinflussen unterschiedliche Dehnintensitäten kurzfristig die Veränderung der Bewegungsreichweite?" (Marschall, 1999).

Die zweite Studie befasste sich mit dem Thema „Immediate effect of passive and active stretching on hamstrings flexibility: a single-blinded randomized control trial" (Nishikawa, et al., 2015).

Tab. 31: Wiedergabe der ersten Studie zum Thema Wie beeinflussen unterschiedliche Dehnintensitäten kurzfristig die Veränderung der Bewegungsreichweite.

	1. Studie
Autor:	- Marschall Fran und Leiter: Prof. Dr. Reinhard Daugs - Sportwissenschaftliches Institut der Universität des Saarlandes, Arbeitsbereich Bewegungs- und Trainingswissenschaft
Erscheinungsjahr:	1999
Versuchspersonen:	- 21 Probanden (9 weiblich, 12 männlich), Alter von 24,8 ± 3,4 Jahren; Größe 172,9 ± 8,5 cm; Gewicht 66,6 ± 11,0 kg
Versuchsaufbau:	- ischiocrurale Muskulatur wurde untersucht - Effektstärke von 0,8 % und Teststärke von 80 % - Motivation und subjektive Befindlichkeit als Kontrollvariable durch Fragebogen erfasst - Raumtemperatur war 22,0 ± 1,1°; Luftfeuchtigkeit war 54,7 ± 8,0% - Untersuchung erfolgt auf Messtisch - Berücksichtigung der Drehachse, fixierter Wirbelsäule und fixiertem Gegenbein - elektrische Steuerung mit konstanter Geschwindigkeit von 1,5°/s - Dehnposition wurde kurz gehalten < 2 s

Versuchsaufbau:	- nach einem Eingewöhnungstest zur Erfassung von D_{max} - zwei Gruppen zugewiesen: - „Weiches Dehnen" und „Maximales Dehnen" - ischiocrurale Muskulatur wurde durch eine fahrradergometrische Belastung von 1,5 Watt/kg Körpergewicht erwärmt - treatment-Prozedur insgesamt 15 Wiederholungen ohne Pause - aus Neutral-0°-Position des Hüftgelenks - bis bestimmten treatment-Grenze des Probanden - nochmalige Erfassung der D_{max}
Ergebnis und Schlussfolgerung:	- Hypothese 1: - Intensitätsstufen führen zu einer signifikanten Verbesserung der maximalen Bewegungsreichweite - $F(1/20) = 87,23$; $p<0,001$ - Differenz der D_{max} zwischen Vortest und Nachtest beträgt 7,24 ± 4,19° bei maximaler Intensität und 3,29 ± 4,53° bei submaximaler Intensität - Veränderung der Bewegungsreichweite mit maximaler Intensität unterscheidet sich statisch von der Veränderung nach 15 Wiederholungen mit submaximaler Intensität - $F(1/20) = 6,62$; $p<0,05$ - Hypothese 2: - nach 15 Wdh. kommt es zu keiner Verschiebung der Dehnschwelle - mittlere Differenz zwischen Ausgangs und Endwert beträgt 0,43° - maximale Bewegungsreichweite verschiebt sich bedeutsam - Erreicht mit 6,24° die Differenz zwischen erster und fünfzehnter Wiederholung fast die gleiche Differenz wie zwischen Vor- und Nachtest

Tab. 32: Wiedergabe der zweiten Studie zum Thema „Immediate effect of passive and active stretching on hamstrings flexibility: a single-blinded randomized control trial"

	2. Studie
Autor:	- Yuichi Nishikawa, Junya Aizawa, Naohiko Kanemura, Tetsuya Takahashi, Naohisa Hosomi, Hirofumi Maruyama, Hiroaki Kimura, Masayasu Matsumoto und Kiyomi Takayanagi
Erscheinungsjahr:	2015
Versuchspersonen:	- 54 Patienten - 3 Gruppen (in jeder Gruppe sind 9 Frauen und 9 Männer) - gesunde Versuchspersonen
Versuchsaufbau:	- Zufällige ausgewählte Gruppe - aktive Dehnungs-, passive Dehnungs- und Kontrollgruppe

Versuchsaufbau:	- Einschlusskriterien sind begrenzte Kniesehnenflexibilität, operativ ° definiert als 70° durch den aktiven Knieextensionstest90 - 90° Hüftflexion in Rückenlage - keine Teilnahme an Stärkungs- oder Dehnprogrammen für 1 Jahr - keine Verletzungen an Beinen - Probanden unterschrieben eine Einverständniserklärung, die an der Teilnahme der Studie zustimmt - Kniesehnenflexibilität wurde gemessen - Patienten wurden in Rückenlage positioniert - die rechte Hüfte und das Knie werden um 90 ° gebeugt und die Lendenlordose wurde mit einer Lendenwirbelsäule unterstützt - Vor- und Nachtests wurden gemacht, aktive und passive Dehnung wurde ausgeführt - passive Dehngruppe wurde das Knie durch einen Prüfer gestreckt - die 90° Beugung in der Hüfte wurde beibehalten - aktive Dehngruppe die Personen müssen Knie selbst ausstrecken - Kontrollgruppe führ keine Dehnübungen aus - insgesamt 3 Sätze mit mehreren Dehnungen ausgeführt - für jeweils 10 Sekunden gehalten, da wo die Spannung spürbar ist - Pause betragen 10 Sekunden
Ergebnis und Schlussfolgerung:	- Winkel im Vortest: aktive Dehngruppe 45,9 ± 8,9°; passive Dehngruppe 40,6 ± 16,1° und Kontrollgruppe 44,2 ± 5,1° - zwischen Gruppen gibt es keine signifikant unterschiedlichen Winkel im Vortest - Winkel im Nachtest: aktive Dehngruppe 52,9 ± 8,9°; passive Dehngruppe 56,4 ± 1,8° und Kontrollgruppe 45,1 ± 3,7° - aktive und passive Dehngruppe war der Winkel größer als in Kontrollgruppe - passive Dehngruppe war der Winkel größer als in aktive Dehngruppe - passives und aktives Dehnen kann die Bewegungsreichweite kurzfristig verbessern - durch passives Dehnen erzielt man die Bewegungsreichweite stärker als beim aktivem Dehnen

6   Literaturverzeichnis

Gimbel, B. (2014). *Körpermanagement.* Berlin: Springer.

Hollmann, W., & Hettinger, T. (2000). *Sportmedizin. Grundlagen für Arbeit Training und Präventivmedizin.* Stuttgart: Schattauer.

Hülsmann, S. (2006 - 2017). *Stretching – Richtig dehnen und was man dabei beachten sollte.* Abgerufen am 5. 12 2017 von https://www.juvalis.de/apotheke/stretching/

Janda, V. (2000). *Manuelle Muskelfunktionsdiagnostik.* München: Urban und Fischer.

Mancia, G., Fagard, R., Narkiewicz, K., Redon, J., Zanchetti, A., & Böhm, M. (2013). *Guidelines for the management of rterial hypertension. The task force for the management of arterial hypertension of the European Society of Hypertension and of the European Society of Cardiology.* (J. o. hypertension, Hrsg.)

Marschall, F. (1999). *Wie beeinflussen unterschiedliche Dehnintensitäten kurzfristig die Veränderung der Bewegungsreichweite?* (D. Z. Sportmedizin, Hrsg.) Abgerufen am 5. 12 2017 von http://circuit-training-dehnen-dr-klee.de/dokumente/Marschall%20(1999).pdf

Nishikawa, Y., Aizawa, J., Kanemura, N., Takahashi, T., Hosomi, N., Maruyama, H., . . . Takayanagi, K. (30. Oktober 2015). *Journal of Physical Therapy Science.* Abgerufen am 5. 12 2017 von https://www.ncbi.nlm.nih.gov/pmc/articles/PMC4668158/

Schönthaler, S. R., & Ohlendorf, K. (2002). *Biomechanische und neurophysiologische Veränderungen nach ein- und mehrfach seriellem passivstatischem Beweglichkeitstraining.* Köln: Sport und Buch Strauß.

Steib, S., Pfeifer, K., & Zech, A. (2014). *Sensomotorisches Training. In H.-D. Kempf (Hrsg.) Funktionelles Training mit Hand- und Kleingeräten .* Berlin: Springer.

Weineck, J. (2003). *Ausdauertraining. Trainingssteuerung über die Herzfrequenz- und Milchsäurebestimmung.* Balingen: Spitta.

Wiemann, K., & Hahn, K. (1997). *Influences of strength, stretching and circulatory exercises on flexibility parameters of the human hamstrings.* Int. J. Sports Med.

7 Tabellenverzeichnis

7.1 Tabellenverzeichnis